I0174079

L'AMOUR
DES LIVRES

PAR

M. JULES JANIN

PARIS
J. MIARD, LIBRAIRE-ÉDITEUR
170, RUE DE RIVOLI
—
1866

L'AMOUR

DES LIVRES

Tiré à 204 exemplaires :
200 sur papier vergé.
4 sur peau vélin.

Paris.— Imprimé chez Bonaventure et Ducessois,
55, quai des Grands-Augustins.

L'AMOUR
DES LIVRES

PAR

M. JULES JANIN

Καλλίμαχος ὁ γραμματικὸς τὸ μέγα βιβλίον
Ἴσον ἔλεγεν εἶναι τῷ μεγάλῳ κακῷ.

ATHEN., *Deipnosoph.* III, p. 72, A.

PARIS

J. MIARD, LIBRAIRE-ÉDITEUR

170, RUE DE RIVOLI

1866

L'AMOUR DES LIVRES

A GEORGES

MOREAU-CHASLON

Georges, mon jeune confrère en bibliophilie, il faut tout d'abord que je vous félicite de ce grand amour qui vous a pris, si jeune encore, pour les beaux livres. « Les livres ont toujours été la passion des honnêtes gens ! » disait Ménage. Une aimable passion, dont le charme est toujours nouveau ; variée, inépuisable, élégante, mais il est rare qu'elle soit le partage de la jeunesse. Ordinairement elle arrive à l'homme heureux, quand cet homme heureux touche aux premières limites de l'âge sévère, à l'heure où, revenu de toutes les passions stériles, il songe à préparer les armes de sa vieillesse, les petits bonheurs de son toit domestique, et sa fête innocente de chaque jour. Soyez donc le bienvenu, d'aimer si vite et si bien ces chers amis de la vie humaine, amis dévoués, reconnaissants, fidèles. Ils voyagent avec nous, ils nous suivent à la ville, à la campagne; on emporte son livre au fond des bois, on le retrouve au coin du feu : « C'est proprement un charme ! » Et Montesquieu a très-bien dit qu'il ne savait pas de douleur si grande, qui ne fût soulagée un instant par la lecture d'un bon livre.

Oubli, consolation. *La pharmacie de l'âme.*— Cependant, comme toutes les passions bien senties et comprises, la passion des livres a sa coquetterie et son luxe. On comprend très-bien qu'un jeune homme épris de sa fiancée ait grand souci de la parer des plus riches étoffes, des bijoux les plus rares. La dame, au gré de son amoureux, n'aura jamais assez de diamants, de perles et de riches dentelles; autour de la personne aimée, il faut que tout soit recherche et belle grâce, et que chaque soir, elle ait à sa main un bouquet de fleurs nouvelles. Même le cheval que l'on aime, on le pare; on veut que tout brille autour de son mors retentissant... Comment donc ne pas permettre à l'ami des beaux livres de les couvrir d'un beau manteau, fait à leur taille, par un habile artiste, et doré par un habile ouvrier?

Le livre est si bien fait pour être orné; il porte avec tant de bonheur toutes les élégances! Eh! quelle merveille, après tout, un bel exemplaire d'une bonne édition qui représente un chef-d'œuvre de l'esprit humain? Quelle joie et quelle fête à le tenir dans ses mains, tremblantes d'une émotion ineffable; on le regarde, on le contemple, on le retourne, on l'ouvre enfin, et voilà que soudain le véritable amateur, grâce au livre, entre en des ravissements infinis.

Quel bonheur! Cet *Homère*, ou ce *La Fontaine*, il est de la bonne date; il fut relié en vieux maroquin, et même en veau fauve, doré par les années; il appartenait à quelque galant homme des temps passés, dont il porte le chiffre ou les armes; son nom tracé d'une main pieuse, au premier feuillet, atteste un de ces propriétaires, dont le souvenir agrandit l'âme et l'esprit du lecteur. — C'est donc vrai, mon livre appartenait à Racine, au grand Corneille?...

Ou bien il porte à sa marge éloquente une note de la main de Bossuet! En même temps, vous remarquez que le papier est souple et sonore; que les gravures sont du premier choix. Si par malheur le livre n'a pas gardé sa première reliure (c'est un grand point), s'il n'est pas signé des noms de Du Seuil, Derôme ou Pasdeloup, il porte au moins les noms de Capé, Petit, Duru ou Bauzonnet. L'odeur même, une douce odeur, suave et chaste, pieuse ou savante, s'exhale encore de ces pages noblement touchées.

Le livre est là, dans vos mains, consacré par les années, par le génie et par le travail. Il est plein de beau langage et de bons conseils ; il représente ou l'histoire ou le poëme ; il est le conte, il est la prière ; il vient d'un Sage, et loin d'ici le livre honteux, misérable et déshonorant, *attendu* dans les *Enfers* des Bibliothèques : « liber contra bonos mores... » Un livre est et doit être un honnête homme, ami des honnêtes gens. Ainsi fait, quoi de plus sérieux, de plus attachant et qui soit plus digne de nos respects? Sur cette page illustre et touchante a pleuré, seule avec son Dieu, la reine catholique Marie Stuart! Voici, sur ce livre d'*Heures* (à M. de Lignerolles), une dernière ligne écrite par le roi-martyr, pour son petit Dauphin, autre martyr! Enfin quelle élégance plus rare et plus solennelle, et que voulez-vous comparer parmi les fugitifs plaisirs de ce bas monde, à cette grâce, à cet éclat surnaturels ?

A résumer les louanges de ce bas monde, il n'y a rien de plus beau qu'un exemplaire de noble origine, et qui soit plus digne aussi de nos empressements.

Cependant, il faut une certaine prudence, même en nos amours les plus légitimes; il faut réprimer toutes les passions, même celle-là. Au milieu des plus belles ventes de ce temps-ci, la vente de MM. Renouard, Sylvestre de Sacy, le digne père de M. de Sacy, de Bure, Armand Bertin, Charles Nodier, Pixérécourt, dernièrement, à l'apparition de cette collection inespérée, celle du prince Sigismond Radziwill apparaissant soudain au grand jour dans sa plus fraîche *nouvelleté*, l'acheteur imprudent qui n'aurait pas su se contenir se fût ruiné en vingt-quatre heures.

Voyez la honte et le chagrin, lorsqu'en rentrant chez soi, chargé du précieux fardeau de quelques tomes irrésistibles, on se voit forcé de s'avouer à soi-même que dans huit jours, quand le commissaire-priseur présentera sa note, augmentée de cinq pour cent sur le prix de la vente, on ne pourra pas la payer, à bureau ouvert!

Alors mon cher imprudent, quelle inquiétude et quel malaise, et quelle douleur, s'il te faut rendre au libraire chargé de la vente cette *Bible de Royaumont* de la première édition, cette *Journée du Chrétien* (toute neuve) aux armes de madame de Pompadour, ce *Massillon* de 1745, ou cette *Mesnagerie* de Xénophon, aux armes de M. de Thou, et tant de merveilles dont se parait déjà ta glorieuse armoire !

Mieux vaut se maintenir dans les limites strictes de sa fortune, que de s'exposer à la *folle enchère !* En cette occasion si triste, la Loi même, oubliant sa gravité, se moque du *fol enchérisseur.*

Somme toute, on a trop de peine au bout de ce compte fatal, pour un moment d'enivrement et de plaisir, et puis, voyez-vous d'ici ricaner les grands libraires, les Techener, les Potier, les Bossange, quand ils voient reparaître au bout de six mois, sous le feu des enchères, des livres qu'ils ne comptaient plus revoir, avant qu'il soit vingt ans d'ici !

D'autre part, vous et moi, mon jeune ami, nous avons naturellement en grande horreur, et dans le plus profond mépris, les bonnes gens qui vont, disant : « Ma foi! que le livre soit riche ou pauvre, entier ou déchiré, qu'il ait appartenu à madame de Sévigné, ou à Bélise; qu'il sente l'œillet ou le graillon, l'ambre des courtisanes ou le parfum léger de l'honnête femme, c'est toujours un livre... Et peu m'importe, après tout, qu'il vienne du Louvre ou du Pont-Neuf. » O l'exécrable opinion! la monstruosité misérable !

Et quoi de plus bête enfin, que ces façons de lire et d'agir? — Ça vous est égal, messieurs les lecteurs sans odorat, de tenir dans vos mains mal lavées un bouquin taché de lie, où la fille errante et le laquais fangeux ont laissé la trace ineffaçable de leurs doigts malpropres, et de leurs têtes mal peignées? Ça vous est égal de feuilleter une sentine, et de respirer à chaque page une abominable exhalaison d'écurie ou de mauvais lieu?

Ces tristes messieurs et ces sottes femmes, les non difficiles, appellent : *livre !* une loque infecte, un haillon qui n'a plus de nom dans aucune langue ! Ah fi ! je ne voudrais pas lire dans ces pages souillées, même les plus belles pages de l'esprit humain. Non ! pas même Priam aux pieds d'Achille et pleurant « sur les mains qui ont tué son fils, » Euripide amenant Iphigénie à l'autel, Anacréon sous sa vigne, ou le Cyclope de Théocrite contemplant les flots de ton rivage, ô Sicile.

Il n'y a rien de beau et de bon, rien d'héroïque et de grand, dans un livre humilié, sali, plein de vilenies et d'immondices, voire dans quelqu'une de ces *publications* achetées par un idiot, *doré sur tranche* (on parle ici du livre et non pas de l'homme), ou toute autre impureté ; et quiconque nous dira ce refrain bête : « Ça m'est égal ! » celui-là ne sait pas lire.

Il n'a lu que des journaux de cabaret, des romans de cabinet de lecture, ou l'histoire de Cartouche et de Mandrin.

Demandez-lui, en même temps, *si ça lui est égal*, de donner le bras à quelque femme suspecte, qui s'en va par la rue en traînant la savate, le jupon crotté et le nez au vent. Demandez-lui si ça lui est égal, à lui-même, une tache à son habit et des trous à ses bottes. Pourtant la honte est la même, et plus grande encore, à posséder dans un coin de sa chambre un tas de protervies en guise de bibliothèque, dont le chiffonnier ne voudrait pas.

Non, non, les honnêtes gens, les gens qui se respectent, ne tomberont jamais dans la possession de ces livres crapuleux. Ils les laisseront dans leur fange et dans leur abomination, non loin des cartonnages de ces bandits armés du ciseau, qui ont causé plus de dégâts que les ravageurs armés de la torche. — Un digne ami des livres respectera ses heures d'étude et de loisir ; il se croira tout simplement déshonoré de réunir tant de souillures, en de si tristes enveloppes, à toutes les fleurs du bel esprit. Il faut à l'homme sage et studieux un tome honorable, et digne de sa louange. Il ne saurait s'accommoder de ces imprimeries bâtardes, où le hasard est le prote, où l'aventure est la brocheuse; ou le relieur compte sur la *marge*, ajoutée au prix de son travail; où rien ne tient, ni le papier, ni l'encre, et pas même le fil cousant l'un à l'autre ces feuillets où l'esprit fait une tache, où le génie est un trou.

Ces réimpressions de nos chefs-d'œuvre, pleines de fautes, disons mieux, pleines de crimes, il y a pourtant des gens qui les achètent, et qui les font relier en basane, par des cordonniers manqués, dont on fait des relieurs! Ces livres ainsi bâtis, qui puent la colle et l'œuf pourri, que le ver dévore, et qui tournent au jaunâtre, grâce aux ingrédients de paille et de bois pourris par lesquels le chiffon de toile est remplacé, ces misérables in-octavo, l'exécration du genre humain lettré, il y a cinquante imbéciles, cinquante ignorants, autant d'usuriers, plusieurs idiots, vingt repris de justice, et de graves filles de joie un peu lettrées, sans compter une douzaine de marquises de nouvelle édition, qui les enferment avec soin dans une bibliothèque richement sculptée.

Elles ferment leur bibliothèque à la clef, et à double tour, comme si quelqu'un voulait leur dérober leur *Voltaire* en quatre-vingts volumes ; leur Jean-Jacques Rousseau-Touquet, leur Buffon, leur D'Alembert, leur *Biographie* infamante, et le monceau de romans en vingt tomes illustrés par les illustrateurs du *Juif-Errant* ou de *Crédit est mort !* — « C'est un ornement, disent-elles, une bibliothèque, et ça peut servir. » — Ça ne sert qu'à te déshonorer et à prouver que tu es un imbécile, ignorant et mauvais lecteur que tu es !

Certes, les solitaires de Port-Royal des Champs « Messieurs de Port-Royal ! » les Arnauld, les Nicole et les Pascal, la mère Angélique elle-même, étaient peu disposés à tout ce qui ressemble au luxe, à la chose inutile, à l'ornement. Au contraire, ils excellaient dans toutes sortes de privations et de mortifications; ils étaient vêtus de bure, ils mangeaient du pain de seigle, ils buvaient l'eau des fontaines, ils portaient un cilice, ils couchaient sur la cendre...

Un jour que M. Nicole était en visite chez M. Lancelot, il comprit, par le compte de la blanchisseuse, que M. Lancelot possédait trois chemises... Il prit la plus neuve, en disant : — Monsieur, c'est assez de deux chemises pour un solitaire, celle-ci appartient au pauvre... Eh bien! ces hommes privés de tout superflu possédaient de très-beaux livres. Ils les voulaient sévères, mais bien vêtus; ils recherchaient les éditions rares et correctes. Ils honoraient, en braves gens, le poëte, l'historien, l'orateur. Ils ont laissé, ces grands sages, une reliure faite exprès pour eux, qu'on appelle encore aujourd'hui la reliure *janséniste*, que maître Duru faisait si bien à l'heure où il ne songeait guère à se croiser les bras sur le seuil de la maison que lui ont donnée les poëtes et les historiens de notre nation.

Voilà donc, pour commencer, deux grands

dangers qui menacent le bibliophile novice : trop acheter de trop belles choses, ou bien encombrer sa maison des plus vilains produits de l'imprimerie et de la librairie française. Entre ces deux malheurs, il n'y aurait pas à hésiter, mieux vaudrait le premier, qui n'a rien de déshonorant, et ne vous mène, après tout, qu'à la prison pour dettes. Mais voulez-vous, mon ami Georges, que je vous donne, et tout de suite, un conseil qui vous modère et vous maintienne dans les justes limites?

N'achetez aujourd'hui, que si vous avez lu, d'un bout à l'autre, le livre acheté il y a deux mois, il y a six semaines. Furetière demandait un jour à son père de l'argent pour acheter un livre. «—Or ça, répondait le bonhomme, il est donc vrai que tu sais tout ce qu'il y avait dans l'autre, acheté la semaine passée? » C'était bien répondre. Un gourmet n'est pas un glouton... Lisez bien, lisez peu: attachez-vous, par la lecture, à ce philosophe, à ce poëte; aimez-vous l'un et l'autre, et quand vous le placerez triomphalement sur vos tablettes garnies d'un cuir de Russie odorant, faites que vous puissiez lui dire : Au revoir, je te connais bien, à cette heure, et me voilà tout à fait de l'avis des grands esprits dont tu fus l'exemple et le conseil!

Avec cette nécessité de lire entièrement ce qu'on achète, on y regarde à deux fois, avant d'acheter; on se méfie un peu plus de ce qui est rare et curieux, pour se tenir aux chefs-d'œuvre honorés de l'assentiment du genre humain. Vous commencerez donc par vous procurer, sans marchander, de beaux et bons exemplaires de ces quelques livres nécessaires qu'on lit et qu'on relit toujours. Vous achèterez, non pas comme vous avez fait, naguère, une Bible en caractères gothiques et sans date, ornement inutile de votre bibliothèque à peine commencée, mais une Bible facile à lire, à savoir tout simplement celle d'Ambroise Didot (1785), pourvu qu'elle soit sur un papier vélin, et reliée par un maître.

Elle tiendra sa place au rang de vos beaux volumes. A cette Bible en latin, vous pourrez ajouter, mais plus tard, quand vous la rencontrerez en belle condition, et à bon prix, la traduction de Lemaistre de Sacy, ornée des figures de Marillier. Le Nouveau Testament, traduit par messieurs de Port-Royal, imprimé par les Elzevirs en 1667, se rencontre quelquefois relié par Du Seuil. Si vous le trouvez, dans ce bel état, et que l'argent vous manque, allez tout de suite au mont-de-piété, laissez-y votre montre ou votre fusil, achetez le livre, et vous aurez fait un bon échange. — Il vous faut aussi, parmi ces livres précieux qui sont le commencement de la sagesse, une Imitation de Jésus-Christ, et vous n'aurez que l'embarras du choix. L'édition s. d., imprimée dans Amsterdam, par les Elzevirs, serait une bonne fortune, en y joignant la traduction en vers de Pierre Corneille, imprimée à Rouen (1656). Voilà donc tout ce que je vous demande en fait d'Écriture sainte, de liturgie et de théologie.

Dans Bourdaloue et Massillon, dans Bossuet et Fénelon, choisissez... Mais le choix est fait par l'un des grands écrivains de notre époque, appelé M. de Sacy. M. de Sacy a publié naguère chez Techener une charmante collection qui contient les chefs-d'œuvre de la théologie morale, et personne après celui-là ne saurait mieux choisir. Croyez-moi, laissons crier les idolâtres des livres anciens, ne les suivons pas dans toutes leurs folies. Celui-là est mal conseillé qui n'est pas reconnaissant des livres modernes, quand ils sont faits *de main d'ouvrier*, disait La Bruyère. Ces choix nous ôtent bien du souci, ils nous épargnent bien des dépenses, ils nous préservent de nombreux caprices.

Un choix bien fait nous délivre à jamais des *œuvres complètes*, espèce de tombeau banal dans lequel des éditeurs sans goût et sans mission vont jetant pêle-mêle, à la façon des ignorants de bas étage, le bon, le mauvais, le médiocre et le pire.

Toutefois, si vous trouvez l'Alcoran de Mahomet, traduit par Du Ryer (à la Sphère,

1649 ou 1672), ne vous gênez pas pour l'acheter. Procurez-vous aussi un bel exemplaire des *Provinciales* et des *Pensées* de Pascal (la double édition originale est de 1657 et de 1670). Ceci fait, et nos devoirs religieux étant largement accomplis du côté des livres, nous irons tout de suite à l'attrait véritable, aux belles-lettres, au bel esprit, à la poésie, à l'imagination, à la fête éternelle, revenant, plus tard, aux sciences, aux beaux-arts, à la jurisprudence, que nous laissons de côté.

Les belles-lettres, vous le savez, commencent à la grammaire, et comprennent dans leur ensemble excellent les œuvres les plus délicates et les plus rares de l'esprit humain. Vous aurez donc un bon dictionnaire, tout bonnement le dictionnaire de l'Académie, et vous le placerez, sans honte et sans peur, de façon à l'avoir toujours sous la main.

Vous aurez une grammaire, un dictionnaire étymologique, quelques livres de Ménage (il eut l'honneur d'enseigner madame de Sévigné), et surtout d'Henri Estienne.

Il faut conserver précieusement vos deux grammaires de Port-Royal et votre *Trésor de la langue grecque*. Il y a des livres qui servent tous les jours : ce sont des forces qui nous protégent, des remparts qui nous abritent. Je plains l'esprit désarmé de ces armes formidables. Enfin, rappelons-nous que les anciens faisaient de la grammaire une Muse, et disons-nous parfois ce mot de M. Ingres : « La grammaire ! la grammaire ! »

On dresse, en ce moment, une statue au bonhomme Lhomond, le grammairien de nos petites années : c'est très-bien fait ; ce bronze entouré d'un renom si paisible et si calme, il le faut honorer, tout autant (pour le moins) que ces formidables statues empruntées aux canons conquis par tant de héros souvent médiocres, que des statuaires peu Athéniens nous représentent, le casque en tête, l'épée à la main, la fureur dans les yeux, rien dans le cerveau, des obus et des boulets à leurs pieds.

Après la grammaire il y a la rhétorique, et cette rhétorique, elle contient (inclinez-vous!) les chefs-d'œuvre de Cicéron, de Démosthène et d'Eschine; les Oraisons funèbres de Bossuet, le Petit Carême, et mieux encore, le Grand Carême de Massillon, tout le grand art de développer la pensée et de parler aux hommes réunis, dans l'accent ingénu de la croyance et de la vérité.

Il ne faut donc pas s'étonner de ce mot *rhéteur*, et le prendre en mauvaise part. Les rhéteurs ont fondé l'école d'Athènes; ils ont régné dans Rome, à la meilleure époque, aux temps splendides où Rome était libre. Ils sont très-souvent d'un bon conseil et d'un bon exemple. Par eux, nous apprenons à nous connaître en grands poëtes; ils viennent d'Aristote et d'Horace, par les sentiers difficiles de l'Art poétique... O sentiers du bon sens, illustrés par Despréaux, qui vous ignore est perdu sans espoir de retour.

Après la rhétorique, arrive, à son tour,

la poésie. Inclinons-nous devant Homère, et qu'il soit un des premiers que nous introduirons, fier et superbe, au premier rang de nos dieux domestiques. Il faut donc posséder un bel Homère en grec ; mais, pour le posséder, il faut être assez riche. Les Aldes sont en disgrâce, à cette heure, donc c'est le bon moment d'en acheter.

Ils ont publié une édition d'Homère en 1517 ; les Juntes, successeurs des Aldes, en ont publié une en 1537. Un bon helléniste qui peut avoir un exemplaire de l'une ou l'autre édition de ces deux beaux livres, l'*Iliade* et l'*Odyssée*, peut se vanter d'être un homme heureux. Mais, Dieu merci ! on se contente à moins, et nous posséderions l'Homère de 1656, publié par les Elzevirs, en deux tomes in-quarto ; ils seraient même en grand papier et reliés en maroquin, aux armes de M. le duc de La Valière, que nous serions déjà des bibliophiles considérables. En fait de traduction, il n'y en a qu'une seule, la traduction des œuvres d'Homère par madame Dacier.

On se procure assez facilement l'édition de 1711-16, et elle vous ira fort, pour peu qu'elle soit en beau maroquin.

Puisque nous voici dans les poëtes grecs, restons-y tout à notre aise. Anacréon, Sapho, Bion et Moschus, Pindare et Théocrite ; mais, croyez-moi, tenez-vous au Pindare de M. Villemain, le plus grand instituteur de la France littéraire, le véritable Quintilien de notre âge. Il a ranimé Pindare de son souffle puissant; il l'a expliqué avec cette sagacité voisine du génie, exquise; il a rendu tout autre Pindare impossible. Ainsi, des poëtes grecs, nous irons volontiers aux poëtes latins : vous êtes un bon latiniste, un digne élève du savant M. Deltour et de ce compatriote de Martial, M. Guardia, très-versé *dans les deux langues*, ce qui était un si grand éloge au temps de Jules César, que Caton le censeur, devenu le pédagogue de son propre fils, voulut apprendre, à quatre-vingts ans, la langue de Sophocle et d'Hérodote.

Donc, grâce à cette bonne *nourriture* (un mot de Michel de Montaigne), ce n'est pas vous que l'on trouvera jamais rebelle aux divines clartés de la double antiquité.

Athènes et Rome sont, en effet, les deux grandes institutrices du genre humain. Elles ont laissé des chefs-d'œuvre impérissables, qui sont devenus les modèles les plus parfaits du génie et de l'art moderne. Pendant trois siècles, chez nous, a régné en maître absolu l'esprit d'Athènes et de Rome. Son souffle ingénieux animait nos poëtes et nos orateurs, nos philosophes et nos historiens de la grande époque. C'est de nos jours, seulement, que les cuistres, dans leur langage barbare, ont voulu mettre à l'index, et couvrir de leurs insultes impuissantes, ces hommes choisis, *sans lesquels il n'y a pas de grande nation*, disait le Roi-Prophète. Mais quoi, la conscience publique s'est révoltée, et pendant que l'Église elle-même éclairait de ses splendeurs ces grands anciens, les maîtres de l'Occident et de l'Orient chrétiens, les hommes les plus illettrés ont couru sus aux profanateurs de l'éloquence... *Une couronne!* Toutefois, nous conviendrons que, par le malheur des temps, par l'invasion de toutes sortes de sciences qui ont nécessité chacune une langue qui lui fût propre, par cette abominable *bifurcation*, la honte et le déshonneur de notre enseignement, enfin par toutes sortes d'emprunts que nous avons faits aux langues étrangères, que disons-nous? à la *langue verte* des commis-voyageurs, l'étude et l'admiration des classiques se sont cruellement affaiblies parmi nous

Mais pour les esprits généreux et naturellement distingués, pour les honnêtes ambitieux du τὸ καλόν, cet oubli des anciens respects doit être un encouragement irrésistible à la sérieuse étude et contemplation des chefs-d'œuvre. Avant peu de temps, si la fatale *bifurcation* dure encore (il faut bien me pardonner ce barbarisme, il nous vient de l'Université même, telle que l'avait faite un méchant écrivain,

M. Fortoul), on trouvera désormais, bien rarement, parmi la nation de Racine et de Voltaire, de Molière et de Bossuet, de savants lecteurs dans les langues d'Homère et de Virgile. Hélas! dans ces temps reculés, qui ne sont pas loin de nous, ce sera, soyez-en sûr, parmi les hommes que La Bruyère « appelait les honnêtes gens, » une distinction très-enviée et très-honorable, de lire l'*Iliade* et l'*Énéide*, à la façon des beaux esprits d'autrefois.

Déjà même, de nos jours, si l'on en parle encore, on ne lit plus les modèles, et c'est pourquoi je les recommande à votre piété toute filiale. Ayez donc un bel exemplaire de Lucrèce, fût-ce le Lucrèce traduit sous les yeux de D'Alembert par Lagrange en 1768...; mieux encore, et ce livre est classique, acceptez avec reconnaissance le Lucrèce en vers de M. de Pongerville. Il vous faut, aussi en belle condition, les trois poëtes, dignes prédécesseurs de Virgile : Catulle, Tibulle et Properce ; mais je suis sûr que vous les avez déjà, ces amoureux charmants, qui vont si bien à votre jeunesse. En même temps, vous avez fait l'acquisition d'un Virgile ; mais je voudrais un beau livre, disons mieux, j'en voudrais deux ou trois, car le luxe ici n'est pas de trop. Le Virgile de 1666 (*Variorum*) est très-beau et n'est pas cher. Le Virgile de Heyne, plus récent (1800), orné de très-*jolies* vignettes « d'après l'antique, » représente un bel ouvrage. Le Virgile Elzevir (1636), quand il a des marges de cinq pouces, et qu'il est relié par Purgold, représente encore un volume digne d'envie, et je suis fier de le posséder.

M. Didot, le riche et l'heureux bibliophile et le bon imprimeur! (pas un plus que lui, M. Brunet restant le premier, ne saurait se glorifier de posséder en plus grand nombre de plus beaux livres), M. Didot a refait le Virgile; il a refait Horace aussi... Horace, l'ami, le compagnon, le cher conseiller de la vie humaine. Un esprit si rare et si charmant, un bon sens si ferme, une raison si bienveillante, avec tant de grâce et de bonne humeur, d'atticisme et d'urbanité!

Celui-là, on ne saurait lui porter un médiocre amour. J'ai mis trente ans à le traduire... A la quatrième édition (j'y touche enfin), je pourrai dire à mon tour mon : *Exegi monumentum!* « Je l'ai donc terminé, ce monument plus que l'airain durable. » On recherchera longtemps les papiers de Chine ou d'Annonay, de cette *traduction nouvelle* imprimée avec tant de zèle et de bonheur par M. Lahure, au compte de M. Hachette. On trouvera sur mes tablettes, de l'Horace en latin, vingt exemplaires, plus beau, celui-ci que celui-là, et qui voudrait m'en ôter un seul m'infligerait une grande infortune.

Ainsi l'Horace d'Henri Estienne (1577); ainsi l'Horace annoté par Turnèbe (1605), in-folio; le charmant Horace-Elzevir de 1676, si fidèlement, si glorieusement reproduit et copié par ce même Ambroise-Firmin Didot, conviennent également à une bibliothèque ingénieuse. Il y faut aussi un Ovide, un Juvénal, un Perse, voire un Lucain; mais n'allez pas plus loin dans la décadence. Il n'y a rien de plus triste ici-bas, après le déshonneur d'un grand peuple abattu sous le joug, que la décadence des langues. Semblables aux feuilles de l'arbre (écoutez *l'Art Poétique*), elles tombent l'une après l'autre, avec cette différence qu'une fois mortes, rien ne les ressuscite. On vous permet cependant (il est mort en stoïcien; Néron, ce poëte manqué, fut son bourreau) le *Satyricon* de Pétrone, arbitre des élégances romaines, et leur dernier arbitre. On vous passe un Martial; mais certes vous n'irez pas jusqu'à ce faux Virgile appelé Claudien.

Quant aux poëtes latins que la France, l'Angleterre ou l'Allemagne ont eu le malheur de produire, il les faut laisser dans leur nuage; ils habitent les limbes, avec les enfants morts sans baptême; ils ne sont pas de leur monde, ils ne sont pas du monde ancien... N'en parlons plus.

Nous arrivons ainsi à nos chers et

grands poëtes français, honneur de la langue naissante, et cette fois, il faut bien que je vous dise, en insistant, ce que disait Iago à son ami Roderigo : « Mettez de l'argent dans votre bourse, seigneur Roderigo. »

Il est nécessaire, en effet, si vous voulez être un vrai lettré, que vous remontiez aux origines de la langue nationale. Or ces premiers livres de la poésie française, ingénieux, naïfs, railleurs, bons enfants, on ne saurait se les procurer, sans bourse délier; c'est le cas, ou jamais, d'attaquer la réserve maternelle, ou tout au moins, contentez-vous, si vous la trouvez en bonne condition, de la collection des poëtes français de Coustelier, comprenant les poésies de Guillaume Cretin, de Jean Marot, Coquillart, Martial d'Auvergne, et Villon. Vous posséderiez la collection des *Douze Pairs*, réimprimée il y a vingt ans par les soins du docte M. Paulin Pâris, que, sans marcher sur les traces du prince d'Essling, vous pourriez vous plonger dans les véritables commencements d'un art tout nouveau, mais plein de feu, de délicatesse et de passion. Quelques beaux parleurs, amis de l'*oui-dire*, vous diront que le *romman de la Rose* est un livre ennuyeux... Ne les croyez pas, surtout s'il est imprimé en lettres rondes, pour Galliot du Pré, en 1529, et si le relieur exécrable n'a pas supprimé la marque du libraire qui se trouve à la dernière page. En même temps, vous rechercherez avec soin les poésies de Charles d'Orléans, un charmant prince, honneur des lettres, aimé des lettrés, respecté dans son exil. Je vous conseillerais, si j'étais moins sage, le *Grand Testament* de Villon, (1497); mais le livre est de la plus grande rareté.

Il est moins rare de rencontrer les *Quinze joyes de Mariage* (1734), et quand on les rencontre, on ne les manque guère. Il y a dans ce mouvement de la littérature française, entre la *Danse aux Aveugles* et les œuvres de Clément Marot, fils de Jean Marot de Caen, tout un fouillis de petits livres inestimables, que l'on admire, en passant, non pas sans envie, dans la bibliothèque des Pichon, Dutuit, Yémeniz, d'Auffay, Double, comme autrefois dans les célèbres collections d'Hangard, Cailhava, Goutard, comte d'Hoym, Chaponay, autant de noms que je propose à votre reconnaissance. Ces amateurs ont sauvé, réparé et glorifié tant de merveilles!

Pour en revenir à votre humble collection, achetez, croyez-moi, un Clément Marot (1538), un Joachim Du Bellay (1568); Du Bellay, le roi du sonnet, cette merveille que Joseph Delorme a remise en grand honneur. N'oubliez point, parmi ces bons compagnons, ce charmant Philippe Desportes, possesseur de si beaux livres que vous reconnaîtrez à leur double ΦΦ. Sa bibliothèque et sa maison étaient ouvertes à ses confrères malheureux. Sainte-Marthe et M. de Thou ont célébré les trésors de Philippe Desportes, abbé *de Bonport*. — Vous aurez aussi le grand Ronsard, prince des poëtes français, en deux volumes in-folio, tel que le possédait M. Victor Hugo, le poëte et le géant. Il le vendit lorsqu'il fut chassé de cette France dont il était l'ornement et l'orgueil. Quelle douleur, quand il partit sans espoir de retour. O poëte! O glorieux! Il est donc vrai que nous n'aurons pas cette joie avant de mourir, de te serrer dans nos bras?

Ce beau *Ronsard*, de si vaillante origine, fut disputé par une foule émue jusqu'aux larmes. A cette heure, il est aux mains loyales de M. Maxime du Camp, un vrai poëte, et celui-là m'a tout à fait l'air de vouloir rester longtemps le possesseur de ce beau livre que Victor Hugo tenait de son ami Sainte-Beuve. Notez aussi, pour mémoire, un Bertaut (1620), et surtout les *Satires* du sieur Regnier. J'en possède un, moi qui vous parle, de Jean et Daniel Elzevir (1652), un petit in-12, non rogné, qui a passé de Nodier à M. de Pixérécourt, de Pixérécourt à M. Cigongne, et de ce dernier au plus aimable, au plus savant, au plus fin connaisseur des bibliophiles français, un grand capitaine qui sait écrire...

Comment ce très-beau livre est tombé, de si haut, dans mon humble collection, dont il est devenu l'honneur insigne et la plus belle parure... ceci est un de ces rares bonheurs dans l'existence d'un pauvre diable d'écrivain tel que moi, dont il ne se vante guère qu'à ses amis.

Qui dit Regnier le satirique, en même temps dira le satirique Théophile !... Il est charmant, il fut si malheureux ce Théophile ! Ah ! la prison, la corde et le bûcher ! M. de Thou, parlant d'un pauvre petit libraire : *pauperculus librarius,* ajoute avec un gros soupir... « Il fut pendu ! » Étienne Dolet fut brûlé ! Son *Traité* eut ainsi l'honneur du martyre. Ces choses se brûlaient au bas du grand escalier du Palais-de-Justice ; le bourreau jetait aux quatre vents du ciel la cendre féconde en libertés.

« Enfin Malherbe vient, » amenant à sa suite une cinquantaine de poëtes qu'on lit une fois, pour ne pas perdre la tradition qui relie Malherbe à Despréaux. Deux ou trois belles éditions de Boileau-Despréaux se disputent l'attention de l'amateur; le Boileau de M. de Saint-Surin est un très-bon livre, il peut devenir un très-beau livre. Quant aux poëtes modernes, M. Alfred de Musset, M. de Lamartine, M. Victor Hugo, les enchanteurs de ce siècle, et le comte Alfred de Vigny, leur camarade en durée, il y a toujours, pour les adeptes, quelques exemplaires sur papier vélin de ces poëtes bien-aimés. Avec un peu de patience, un jour viendra où les *Méditations poétiques*, les *Orientales*, les *Contemplations*, la *Légende des siècles*, *Eugénie Grandet*, *Stello*, apparaîtront dans un éclat inespéré. On les trouvera tous, avec leurs témoignages, imprimés sur un papier de Chine, dans le chalet de Passy.

Vous verrez si, moi vivant, je vous entourais de mes louanges et de mes respects, amis-poëtes, tout glorieux de cet habit de pourpre et d'or, comme en savaient broder Capé, Niédrée et Bauzonnet! Que de fois je me refusai un habit à moi-même, afin d'habiller *Lucrèce* ou les *Effrontés*, *Columba* ou

Valentine, la *Demoiselle à marier* ou le *Jeune mari*.

J'ai fait un tome à part des *Leçons* de M. de Laromiguière et des *Variétés* de M. de Sacy. Vingt dessins originaux de Boucher sont devenu l'ornement de mon exemplaire en papier vélin de *Clarisse Harlowe*. On ne saurait trop admirer la réunion de toutes les images des chansons de Béranger, réunies par mes soins, dans ces quatre tomes que le poëte lui-même honorait de ces belles paroles... trop belles pour qu'ici je les rapporte. O mes livres! mon juste orgueil! ma fête suprême! oraison funèbre qui ne saurait périr. Je connais bien des amateurs qui les attendent...— Celui-là (disent-ils) aura son tour. La mort arrive qui dissipe au loin le trésor intime!

A quelque autre appartiendront ces *Contes de La Fontaine*, ce Despréaux, chef-d'œuvre de Thouvenin; ces *Latins* de Jean Baskerville, ces images, ces dessins, ces *avant la lettre*, et ce théâtre aux armes de Mesdames, tantes du Roi, avec leur *Cabinet des fées*, voisines de la Régence !... Un autre emportera (disent-ils encore) ce beau *Missel* tout rempli de la grâce et de l'élégance ancienne. Un de ces peintres en miniature, après un travail de dix années, écrivait à la fin de ses *Horæ Piæ* un distique latin dont voici la traduction libre :

> Pour tant de peine et de labeur,
> Que ne puis-je avoir du Prieur
> La plus vieille bouteille,
> Et pour la boire, une beauté vermeille !

Mais, grâce à Dieu, les impatients attendront un demi-siècle les livres du chalet.

Une femme est là, jeune, vaillante et forte, qui gardera, par piété conjugale, honneur de son toit désert, ces historiens, ces poëtes, ces amis qui l'entourent, qui la célèbrent et l'honorent d'une tendresse paternelle. Ah ! qu'elle soit longtemps la fidèle dépositaire et gardienne de ces grandes mémoires ; et quand la vieillesse, à son tour, apesantira cette main charmante, ô mon Dieu, laissez-lui la force d'ouvrir encore cette humble fortune où revivra, pour un temps si court, le souvenir reconnaissant du fidèle écrivain qui l'entoura, comme il eût fait pour sa Reine, de dévouement, de reconnaissance et de tous ses respects !

Ne pleurons pas! Au contraire, allons, tout joyeux, rechercher sous les charmilles de Choisy ou de Trianon toutes sortes de petits poëtes, dans le petit format in-12, si commode et si charmant : Chaulieu, Lafare, Gentil Bernard, Gresset, Malfilâtre, le chevalier Bertin, Léonard et Parny (en effaçant le livre affreux que ce triste chevalier de Parny vomissait en 93 sur l'autel des Furies). N'oubliez pas dans cette décadence, voisine de la fin d'un monde, le poëte Gilbert, mieux encore, André Chénier. Ces deux-là sont de vrais poëtes, par la colère, par la passion, par la douleur.

Je vous fais grâce, et je fais bien, de toutes sortes de poëmes illisibles et très-recherchés des amateurs, je vous en délivre, et même de la *Henriade*. — A tous nos poëmes épiques, je préfère un conte bien fait. *Le Cabinet satirique* est un charmant livre, et d'un bon sel ; et... hors de prix.

C'est tout ce que je vous conseille en ce genre, et nous irons tout de suite aux fables de La Fontaine, aux contes de La Fontaine. Or, du conte à la chanson, il n'y a pas loin ; la chanson, c'est Béranger lui-même, et presque tout seul. Mais là s'arrêtent mes conseils ; chaque homme a son goût qui le presse et qui l'attire. On ne doit pas tout aimer, comme on ne peut pas tout savoir. Tel, se contente de réunir dans ses longues armoires les historiens du Bas-Empire, ou de la Picardie, uniquement ; tel autre est content s'il se fait une bibliothèque guerrière, à commencer par la flèche crétoise, à finir par le canon rayé. M. de Soleinne, à l'exemple du prince de Conti et de madame de Pompadour (elle a laissé d'assez vilains livres très-recherchés), s'était composé une bibliothèque entière de l'art dramatique ; il ne possédait que des comédies et des tragédies, ce qui devait être ennuyeux, à la longue.

Robinson, Télémaque et le *Petit Poucet*, il les eût chassés de chez lui, bel et bien. Nous, cependant, nous choisirons les belles choses des Maîtres de l'art dramatique : Eschyle, Euripide et Sophocle, *ces reliefs des festins d'Homère;* Aristophane, et Plaute, et Térence, à la bonne heure! Halte là, voici Corneille, et Racine, et Molière. Sitôt qu'il s'agit de ces trois-là, je vous prie en grâce de chercher, s'il se peut, les éditions originales : le *Cid, Polyeucte,* ou *Cinna.* Si vous trouvez, à la date célèbre de 1644, l'*Illustre théâtre de M. de Corneille,* ne le manquez pas; il contient les cinq chefs-d'œuvre du grand Pierre. Il n'y a pas longtemps, le même libraire, à vingt ans de distance, adjugeait (non pas pour son compte) à mille cinquante francs, le même exemplaire de Corneille qu'il avait cédé (l'ignorant!) pour une pistole !

Un beau *Molière* est indispensable dans une de ces bibliothèques enviées et respectées, telle que sera la vôtre. Or, ces Molière et ces Corneille des éditions originales, ils sont très-rares, mais on cherche, et l'on trouve. Le Racine est plus facile à rencontrer. Il se compose, à la date de 1687, de deux tomes in-12 (Φόβος καὶ Ἔλεος). On ajoute à ces deux tomes : *Esther* (1689), *Athalie*, avec le privilége donné à Versailles, au mois d'août 1686, *au nom des Dames de la Communauté de Saint-Louis...* Si vous pouvez vous procurer le Rotrou, vous rendrez un juste hommage au noble cœur que l'auteur de *Polyeucte* appelait son père. Enfin, pour vous compléter, il vous suffit de quelques tragédies de Crébillon, des meilleures comédies de Regnard, de Dancourt, et quelques fantaisies de Marivaux. Ces choses-là ne se cherchent pas ; elles se rencontrent.

En fait de romans, on n'en lit guère ; ceux qu'on lit, quels chefs-d'œuvre ! *Zayde, Gil Blas, Don Quichotte, Manon Lescaut, Paul et Virginie...* On les trouve encore assez facilement en édition originale... Quel beau livre incomparable a publié notre Curmer, le maître des chastes élégances :

Paul et Virginie illustré par Tony Johannot !

Ainsi, vous le voyez, si quelques beaux exemplaires suffisent à l'ornement d'un cabinet, il n'y en a guère qu'une vingtaine, au bout du compte, que l'on ait grand'-peine à se procurer.

Le reste est vulgaire. On a facilement la *Divine Comédie* (ayez la traduction de Louis Ratisbonne) et le *Roland Furieux* avec la *Jérusalem Délivrée*. Un ou deux *Mystères*, pour savoir comment cela se faisait, suffisent à notre curiosité. Notez cependant parmi les Molière, car j'y tiens, celui de 1666, en 2 vol. in-12; la première édition complète (1674) en 7 vol. in-12; l'édition des Elzevir de 1675, en 6 vol. petit in-12, le sixième volume imprimé en 1684. Voilà certes de quoi choisir; sans compter la suite des éditions originales, qui sont très-recherchées, et qui se vendent au poids de l'or : L'ESTOVRDY OV LES CONTRE-TEMPS, — DÉPIT AMOVREVX, — LES PRÉCIEVSES RIDI-CVLES, — L'ESCOLE DES MARIS, et quand on arrive à les posséder toutes (vingt-trois comédies), on peut se vanter d'avoir accompli une tâche impossible. Il y a même, en ces exemplaires de Molière, des pièces dont l'histoire touche au roman. Le *Molière* du regrettable Armand Bertin, l'honneur des journalistes français, avait appartenu à M. de la Reynie, lieutenant général de police, et voilà pourquoi cet exemplaire unique avait échappé aux corrections exigées par la censure de 1682.

Plus tard, ce livre introuvable fut acheté par M. de Soleinne à un sien ami, qui lui-même l'avait acheté à la Martinique, des mains d'un nègre qui s'était fait bouquiniste. Il fut payé au nègre une pièce de trente sous, il monta vite à mille francs à la vente Soleinne; il fut payé le double, à la vente Armand Bertin, par M. le comte de Montalivet. Il se vendrait le triple, aujourd'hui.

L'histoire de la bibliographie est inépuisable en découvertes de ce genre. M. de Bure, l'abbé Rive, M. Brunet, le charmant et savant bibliophile Jacob, vous raconteront toutes ces féeries. De nos jours,

M. Parizot, bouquinant sur le quai Voltaire, a rencontré *les Commentaires de César* annotés par Montaigne, dont l'écriture est presque introuvable! O Feuillet de Conches, il y avait là de quoi vous pendre! Un homme heureux, M. de La Tour, se promenant sur le Pont-Neuf, trouve, ô bonheur! l'*Imitation de Jésus-Christ* de Jean-Jacques Rousseau! Même il y avait dans ce beau livre, en guise de signet, un brin de pervenche. Et penser que pendant trente ans je me suis bêtement promené sur ce quai des miracles !

Mais quoi! peut-être aurez-vous votre jour. Déjà même vous avez l'instinct de la bibliographie à un trop haut degré pour qu'il soit nécessaire de vous encourager à la recherche des éditions originales. — La première édition d'un livre attendu de la postérité présente au lecteur studieux ce grand honneur que le livre est corrigé par la main même du maître. Le maître-inventeur l'a vu de ses yeux, il l'a touché de ses mains; il a corrigé la faute; il a rétabli le texte;

il a donné le *bon à tirer*. C'est son livre, en effet, tel qu'il l'écrivit, tel qu'il le voulut laisser au genre humain. Plus tard, il arrive assez souvent que lui-même, vieilli, changé, timoré, persécuté, il porte atteinte à son œuvre; ou bien, et cet accident-là est très-commun, le livre, aussitôt que le philosophe est descendu dans les ténèbres du tombeau, a subi les tortures de l'imprimeur, du censeur, des fanatiques, des cuistres, des ravageurs.

Qui peut se vanter d'avoir lu le *Télémaque* tel que l'écrivit Fénelon, s'il n'a pas lu *Télémaque* dans l'édition originale? Et les changements dans l'orthographe et dans le format du livre, il faut bien les compter pour des déguisements.

Cependant, même en possédant le Racine de Claude Barbin ou le Racine Elzevir de la bonne date (1678), vous pouvez aussi rencontrer les éditions originales : LA THÉBAYDE OV LES FRÈRES ENNEMIS, ANDROMAQUE (1668);—BRITANNICUS (1670). Dans ces premières éditions, l'auteur oublie ou néglige de mettre son nom, tant il sait déjà que le monde entier saurait le nom de l'auteur d'*Andromaque* et de *Britannicus*. — Plus facilement, vous trouverez les éditions originales des tragédies et des comédies de Voltaire, et le *Figaro* de Beaumarchais, avec la belle image : *la Conversation espagnole*.

Mais gardez-vous d'aller jusqu'au *théâtre révolutionnaire :* on le laisse aux curieux, qui sont purement et simplement des curieux ; passez donc par-dessus ces poëtes *comiques* qui prennent si mal leur temps, et pour vos jours de bonne humeur, je vous permets quelques parades et joyeusetés du théâtre italien. — Le théâtre espagnol vous offrira Lope de Vega, et Calderon. — Shakspeare et Schiller, ils sont des nôtres. —Vous n'oublierez pas, chemin faisant, la *Psyché* de La Fontaine (1669), le *Daphnis et Chloé* de M. le Régent.

Comme il montrait à Casanova les dessins qu'il avait faits pour la pastorale de Longus : — « Monseigneur, lui répondit le peintre italien, il ne vous manque guère, pour devenir un grand artiste, que d'être un pauvre diable comme moi ! »

Rappelez-vous que le vrai *Télémaque* a paru chez madame veuve Claude Barbin en 1699 ; — que Saint-Aubin et Drevet nous ont laissé un très-beau portrait de Fénelon ; —qu'un portrait de Ficquet ajoute ajoute un grand intérêt à plus d'un livre. Un jour que La Fontaine offrait le premier recueil de ses fables au jeune duc de Bourgogne, avec son portrait où l'on voyait *le Loup et l'Agneau,* — « Monsieur, disait le jeune prince, vous avez ajouté vos armes à votre portrait. »

Et maintenant redoublez, s'il vous plaît, de curiosité et d'attention, nous touchons à quelqu'un de ces livres extraordinaires qu'il faut posséder superbes, et pour lesquels rien ne doit nous coûter, excepté un lâche serment.

PANTAGRUEL!—RABELAIS!—Ne songez pas au Rabelais de 1533. On n'en connaît qu'un exemplaire! Chantez un *Te Deum!* si vous rencontrez le Rabelais de 1553 ! et contentez-vous du Rabelais Elzevir de 1663, en 2 petits vol. in-12, pour peu qu'il soit en maroquin grenat, à compartiments, doublé de maroquin rouge, et relié par Bauzonnet.

Au *Gil Blas*, ce gai conseiller de la vie humaine, vous ajouterez les gravures de Smirke ; à l'histoire de Manon Lescaut, vous ajouterez le portrait de l'abbé Prevost, par ce même Ficquet. N'oubliez pas un bel exemplaire des *Contes* de Voltaire, avec la suite des figures de Munch.—Un certain livre appelé les *Cent nouvelles nouvelles* (1701), orné des compositions galantes de Romain de Hooghe, à moins que vous ne possédiez le même livre imprimé par Antoine Vérard en 1486, accompagne agréablement l'*Heptaméron* de Marguerite de Valois, royne de Navarre (1559). Cherchez aussi le *Décaméron* de Boccace, in-16, imprimé par le grand imprimeur Rouille, à Lyon, en 1558, digne compatriote et prédécesseur de Louis Perrin, mort à la peine, il y a quatre années, laissant des chefs-d'œuvre. Il vous faut aussi, en belle condition, le *Moyen de parvenir* (*de l'impri-*

merie de François Rabelois), et la *Satyre Ménippée* (1609), toutes choses indispensables, et d'une infinie consolation quand l'âge arrive où la journée est longue, où le temps est sombre ; où l'homme, abandonné d'espérance et sevré de toute ambition, ne redoute, ici-bas, que le remords, moins encore, l'isolement et l'ennui.

Vous aurez aussi un grand choix de *Lettres*, écrites par les plus beaux esprits de l'antiquité et des temps modernes. La lettre est charmante à lire ; elle a l'accent même de la vérité ; elle est écrite sans souci de la postérité qui ne doit pas la lire ; elle porte avec elle un grand caractère d'authenticité :

Je dirai : j'étais là ; telle chose m'advint...

Quelle grâce et quelle attention à lire les lettres de Cicéron, les lettres de madame de Sévigné (adoration de M. de Sacy !), les lettres de Voltaire ! Hier encore, ces chères et délicates correspondances de madame de Swetchine avec les meilleurs et les plus nobles esprits de la Restauration. — « Surveillez-moi, disait-elle à mademoiselle de Virieu, son amie, et tout ira mieux, si ce n'est tout à fait bien. Mais avant tout, ne me manquez pas! »

Même la lettre écrite exprès pour toutes les adresses, elle a son charme : un Voiture, un Balzac, un Guy-Patin, savaient qu'ils seraient lus par tout le monde... il faut les lire. Ainsi nous allons par la poésie à la philosophie, et par la philosophie à l'histoire. « Il n'est pas permis d'ignorer le genre humain! » disait Bossuet, à Mgr le Dauphin, son triste élève.

Il n'est pas permis (dirons-nous) au sincère ami des grands écrivains et de la vérité, d'ignorer Thucydide, Hérodote, Jules César, Plutarque. Tenez-vous à Plutarque, il est le vrai juge, et redoutez les faiseurs de biographies qui font plus de tapage que le héros même de leur adoption, — Tite-Live, Tacite, et l'*Histoire de Charles XII* par Voltaire... autant de grands hommes auxquels il faut toujours revenir!

Ils vivent, ils respirent, ils enseignent, ils conseillent. Nous avons, chez nous, les *Chroniques de Froissart* (1514), le Comines (1529), les *Gestes du preulx chevalier Bayard* (1525), les *Mémoires du cardinal de Retz* (1731), les *Mémoires de M. le duc de Saint-Simon*, des livres inestimables, et d'une parfaite beauté. — Prenez, gardez et lisez!

Ayez grand soin d'un bel exemplaire de Plutarque! On le lit toute la vie; il vous le faut absolument, imprimé par Vascosan en 1567-74, in-8°, bien conservé, réglé, en maroquin rouge, et relié par un grand artiste. Heureusement on en trouve encore. A mille francs, les quatorze tomes (de la bibliothèque Radziwil), reliés par Derome en maroquin vert, c'est donné.

Et, pour finir par le commencement, songez enfin aux philosophes, aux moralistes, à la parole éloquente, à ces écrits charmants : *de l'Amitié; de la Vieillesse*.— Enfin songez au vrai livre, au grand livre intitulé : *les Essais de Michel de Mon-*

taigne. Holà! *les Essais* de Montaigne. Il y a l'édition originale de *Bourdeaux* (1580), mais elle ne contient que les deux premiers livres. — Il faut vous procurer le *Montaigne* d'Amsterdam (1659), de l'édition elzévirienne, ou tout au moins celui de 1659, en 3 vol. petit in-12, orné du frontispice où se voit le portrait de Montaigne, gravé en taille-douce par Larmessin. Ceci étant acquis, vous aurez un La Bruyère de la dixième édition (1699), un La Rochefoucauld, un Vauvenargues... *Livre et liberté.* Même origine!

Une fois le maître heureux de ces chefs-d'œuvre, eh bien, vous en aurez pour votre vie entière! O chefs-d'œuvre! beautés! grâces! consolations! sagesse! O livres, nos amis, nos guides, nos conseils, nos gloires, nos confesseurs! On les étudie, on les aime, on les honore, et quand parfois quelque nouveau Maître apparaît, digne enfin qu'on lui donne une place à côté des maîtres, c'est sitôt fait de l'acheter, de le lire, et le placer à côté de son compagnon : Hugo à côté de Pindare, Alfred de Musset non loin de Regnier, *Eugénie Grandet* près de *Manon Lescaut!* On se complète, au gré de l'heure présente, pour obéir à ses penchants personnels.

Et de même que les anciens posaient dans un coin de leur chambre un petit autel paré de verveine, et sur cet autel domestique un dieu familier, le vrai bibliophile ornera sa maison de ces belles choses...

Qu'il rentre en son logis, ou qu'il en sorte, il donne un coup d'œil à ses dieux favorables. Il les reconnaît d'un sourire ; il les salue en toute reconnaissance, en tout respect. Il s'honore aussi de ces amitiés illustres, il s'en vante ! Un jour, un jour d'émeutes et de guerre civile, ô misère ! entre la barricade à prendre et la barricade qu'on avait prise, il y avait, en un coin du corps de garde, trois ou quatre amis des beaux livres ; ils avaient passé, la veille, une belle soirée à la vente de M. de Saint-Mauris, le propriétaire du fameux *Voltaire* orné de trois mille images, et ce matin même, au rappel du tambour, ils parlaient de leur passion favorite avec tant d'animation, de zèle et de feu, qu'ils en oubliaient les horreurs de la guerre civile ! Autour d'eux s'étaient réunis leurs camarades, les gardes nationaux, qui les écoutaient comme on écoute un fou qui s'abandonne à toute sa folie ! O bonheur délicieux ! Quelle joie enfin de culbuter la contrefaçon misérable par la bonne édition !

Les livres ont encore cela d'utile et de rare : ils nous lient d'emblée avec les plus honnêtes gens; ils sont la conversation des esprits les plus distingués, l'ambition des âmes candides, le rêve ingénu des philosophes dans toutes les parties du monde; parfois même ils donnent la renommée, une renommée impérissable, à des hommes qui seraient parfaitement inconnus sans leurs livres. Ils ajoutent même à la gloire acceptée ! Eh ! qui saurait que M. Cigongne a vécu, s'il n'avait pas laissé sa merveilleuse bibliothèque, ornement du plus beau cabinet de l'Europe...

A la douane de Londres, quand apparut la bibliothèque de M. Cigongne : — Entrez librement, disait le chef de la douane ; c'est l'usage de l'Angleterre de saluer les belles choses au passage.

Aurait-on jamais entendu parler, sans la protection des livres qu'ils avaient amassés, de M. de Chalabre, de M. Mac-Carthy et de M. Duriez ? Saurait-on le nom de M. de Montaran ou de M. Jean-Louis-Auguste Coste (de Lyon), sans leur amour pour les livres ? Le nom de M. de Thou, comme il sonne agréablement à nos oreilles charmées, grâce à ses livres ! Nous saluons encore aujourd'hui ce digne beau-frère de M. de Thou, Achille de Harlay, son fils et son petit-fils, parce qu'ils étaient d'éminents bibliophiles. M. le chancelier Séguier causait avec le Roi dans sa chambre (on parlait de la vénalité des juges).—Monsieur le chancelier, disait le Roi, à quel prix vendriez-vous la justice ? « —Oh ! Sire, à aucun prix.... Pour un beau livre, je ne dis pas ! »

Quelle bibliothèque il a laissée! Est-ce en vain que Grolier et Maïoli ont été des bibliophiles? Un Grolier, un Maïoli (quel que soit le livre) se vendent cinquante louis, quand on en trouve.

On parle encore de la collection de M. le duc d'Aumont, du maréchal de Richelieu et du duc de Saxe. On recherche à tout prix les livres de madame de Pompadour, et ceux de la comtesse de Verrüe (une de Luynes), intelligente et charmante entre toutes les belles curieuses. Ses passions l'avaient faite un instant célèbre, ses livres et ses tableaux lui ont donné l'immortalité. Ainsi, de la comtesse de Verrüe et de madame de Pompadour : les aimables faiblesses sont pardonnées, à l'une autant qu'à l'autre, uniquement parce qu'elles ont aimé... et laissé après elles, ornés de leurs chiffres et de leurs couronnes, leurs poëtes favoris.

Savez-vous cependant quel est le plus célèbre des maréchaux de France, et celui dont il est parlé le plus souvent?

C'est M. le maréchal Sébastiani!—Capitaine, ambassadeur, pair de France... vain espoir d'une immortalité passagère! Son nom serait déjà chargé d'un triple oubli s'il n'avait été que maréchal de France; mais il s'enivrait à la suave odeur du cuir de Russie, et, chaque fois que l'un de ses beaux tomes apparaît sous le marteau du commissaire-priseur, le nom de Sébastiani (ajoutez le nom de M. le duc de Noailles, *ami des livres!* disait Saint-Simon) est prononcé avec mille louanges par des voix reconnaissantes. — Comment donc! M. le maréchal Sébastiani n'a-t-il pas possédé le Sénèque Elzevir de 1640, dont le premier tome est *broché?*

Bon nombre d'honnêtes gens n'ont pas laissé d'autre oraison funèbre que le catalogue de leur bibliothèque, où toute louange est contenue! On se souvient encore du savant comte de Boutourlin, recommençant, le lendemain du vaste incendie, une admirable bibliothèque de vingt-six mille volumes, qu'il avait réunis dans son palais de Moscou. La ville du Czar brûlait encore, et déjà M. de Boutourlin revenait à son entreprise illustre... Une date également néfaste, 20 juin 1865. Ce jour-là périt à Londres, dévorée par les flammes, une grande partie de la collection Techener... Il n'en reste plus que le catalogue à placer parmi les livres du feu... comte de Boutourlin !

L'un des plus sévères et des plus délicats bibliophiles de ce temps-ci, le prince Augustin Galitzin, de la Société des bibliophiles français, nous racontait, avec sa grâce ordinaire, l'histoire du marquis de Romance de Mesmon, qui fut l'hôte et l'ami de madame la princesse Augustin Galitzin, l'amie et la gardienne de cette mère de l'Église, madame de Schwetchine. M. de Mesmon fut un grand connaisseur, en même temps qu'il était un vaillant capitaine... Les livres ont sauvé sa mémoire !

C'est très-vrai. La passion des belles choses (après l'honneur de les faire), il n'y a pas de meilleure louange ! Elle atteste aux lettrés, race immortelle, que le propriétaire de ces beaux exemplaires était un homme heureux de peu, content de vivre, amoureux des belles choses, studieux, paisible, intelligent, se suffisant à soi-même, honorable, honoré, qui s'est entouré, jusqu'à la fin, des grands exemples, des sages conseils.

Au catalogue de ses livres, on connaît un homme! Il est là dans sa sincérité. Voilà son rêve... et voilà ses amours!

Accordez-moi, Seigneur, disait un ancien : une maison pleine de livres, un jardin plein de fleurs! — Voulez-vous, disait-il encore, un abrégé de toutes les misères humaines, regardez un malheureux qui vend ses livres! *Bibliothecam vendat.*

« Ma fille, disait madame de Sévigné, je mourrai sans dettes et sans argent comptant, c'est tout ce que peut désirer une chrétienne! » Et nous autres, les bonnes gens, les petites gens, qui se tiennent à part, loin du soleil, voici, du soir au matin, notre humble prière : « Accordez-nous, grands dieux, une provision suffisante de beaux livres qui nous accompagnent dans notre vie, et nous servent de témoignage après notre mort? »

..... *Animum mihi ego ipse parabo.*

En fait d'amour pour les livres, nous ne saurions mieux faire que de suivre l'exemple d'Alexandre enfermant l'*Iliade* et l'*Odyssée* dans la cassette de Darius.

P. S.—Encore un mot, mais la question est une question considérable.

On demande, en effet, s'il est juste et prudent de prêter ses livres? — Vous enfouissez la vérité! vous cachez le flambeau sous le boisseau, vous êtes un égoïste, un avare, disent les emprunteurs.

En même temps, ils vous citent la belle inscription de Grolier : *Pour moi, et mes amis!* Mieux encore, la devise de ce brave homme exilé volontaire appelé Schelcher : *Pour tous et pour moi!*

C'est très-bien dit, c'est très-bien fait;

mais nous avons connu M. de Bure. C'était son usage de choisir lui-même, sur le rayon, l'exemplaire qu'il vous permettait de tenir un instant.

Scaliger avait écrit au fronton de sa bibliothèque : *Ite ad vendentes!* Charles Nodier avait composé, à l'usage de son ami Pixérécourt, ce petit distique :

> Tel est le triste sort de tout livre prêté;
> Souvent il est perdu, toujours il est gâté.

Condorcet, mort si misérablement et si glorieusement pour n'avoir pas voulu jeter aux buissons le petit *Horace* in-32 de l'Imprimerie royale qu'il tenait dans sa main, lorsqu'il fut arrêté dans une misérable auberge de Sceaux, par des patriotes de grand chemin, avait composé, en l'honneur de ses livres bien-aimés, les jolis vers que voici :

> Chères délices de mon âme,
> Gardez-vous bien de me quitter
> Quoiqu'on vienne vous emprunter.
> Chacun de vous m'est une femme

Qui peut se laisser voir sans blâme
Et ne se doit jamais prêter.

Certes, ces diverses opinions méritent qu'on s'en inquiète... Or voici notre avis :

Accepter la devise de Grolier et de Schlecher,

Se conduire à la façon de Scaliger, de Condorcet et de Pixérécourt.

Le roi Charles *le Sage* était l'un des conservateurs fervents, quand il enfermait dans la tour du Louvre les premiers livres dont se puisse vanter la Majesté de nos rois.

Sur les murailles de sa *tour de la Librairie* (un refuge!), Montaigne avait écrit : *Que sais-je?*... Il savait les respects dus à ses intimes conseillers.

Tels étaient, sur cette mer, féconde en naufrages, les sages avis du pilote Phrontis, fils d'Onétor.

ACHEVÉ D'IMPRIMER,
pour la première fois,
le 1er juin 1866,
par Bonaventure et Ducessois,
pour J. MIARD,
libraire à Paris.

Paris.—Imprimé chez Bonaventure et Ducessois,
55, quai des Grands-Augustins.

www.ingramcontent.com/pod-product-compliance
Lightning Source LLC
LaVergne TN
LVHW051458090426
835512LV00010B/2213